Julia Boehme

Kleine Lesetiger

Piratengeschichten

Illustriert von Christian Zimmer

Loewe

Der Umwelt zuliebe ist dieses Buch auf chlorfrei gebleichtem Papier gedruckt.

ISBN 3-7855-4333-6 – 2. Auflage 2003

Umschlagillustration: Christian Zimmer
Reihengestaltung: Angelika Stubner
Redaktion: Rebecca Schmalz
Herstellung: Heike Piotrowsky
Gesamtherstellung: L.E.G.O. S.P.A., Vicenza
Printed in Italy

www.loewe-verlag.de

Inhalt

Ein schlechter Tausch

Käpten Kümmel schaut
in seinen Laderaum:
Perlen, goldene Zahnstocher
und Diamanten,
groß wie Möweneier.

„Lasst uns noch mehr
Beute machen“, lacht er.
„Jetzt segeln wir nach Süden!“

Seine Piraten werden bleich:
„Dort kommen wir doch
Käpten Flinte in die Quere!“

Käpten Flinte ist nämlich
der gemeinste Seeräuber
der sieben Weltmeere.

Selbst die stärksten Piraten
haben Angst vor ihm.

„Ach was!“, winkt Käpten Kümmel ab.
„Wozu habe ich mein Fernrohr?
Wenn wir von weitem
eine Piratenflagge sehen,
drehen wir schleunigst ab.“
Also segeln sie los.

„Schiff voraus!“,
meldet Pit eines Tages.

Der Käpten schaut
durch sein Fernrohr.
„Keine Piratenflagge!“, ruft er.
„Fertig machen zum Entern!“

Mit ihrem schnellen Schiff
haben sie die anderen bald eingeholt.
Kümmel wirft höchstpersönlich
den Enterhaken.

Und mit wildem Geschrei
springen seine Piraten an Bord.

„Ergebt euch!“,
grölen sie gefährlich
und schwingen ihre Säbel.
„Euer Schiff gehört jetzt uns!“

Da geht die Kajütentür auf,
und vor ihnen steht – Käpten Flinte!

Kümmels Piraten
zittern wie Zitteraale.

„Ihr könnt den Kahn
gerne behalten“,
grinst Käpten Flinte.

„Wir nehmen dafür
einfach euer Schiff!“,
ruft Flinte
und segelt davon.

Ein schlechter Tausch,
merken Kümmels Männer:
Flintes Kahn
ist ziemlich morsch.

„Dann schaut wenigstens,
was er geladen hat!“,
ruft Käpten Kümmel wild.

Doch im Laderaum ist nichts.
Nur ein Leck ist da –
notdürftig gestopft
mit einer alten Piratenflagge!

Kanonenkohlkugeln

Kalle zückt seinen Säbel.
„Jetzt rollen Köpfe!“, johlt er.

Alle lachen.
Denn die einzigen Köpfe,
die jetzt rollen,
sind Kohlköpfe fürs Abendessen.

Kalle fährt zwar
auf einem echten Piratenschiff.

Aber mit seinem Säbel
schält er Kartoffeln
und schnippelt Gemüse.
Er ist eben nur ein Küchenjunge.

Plötzlich wackelt das ganze Schiff.
Aus dem Meer taucht
ein riesiges Seeungeheuer auf.

Das Ungeheuer hat Hunger.
Richtigen Kohldampf sogar.
Und Piraten schmecken nicht schlecht.

„An die Kanonen!“,
befiehlt der Kapitän.

Aber die Piraten
haben vergessen,
Kanonenkugeln zu klauen.
Keine einzige haben sie mehr!

Den Piraten wird angst und bange.
Doch Kalle hat eine Idee:
„Nehmt doch die Kohlköpfe!“

Und so machen sie es:
Die Piraten schießen
mit Kohlkugeln.

Das Seeungeheuer
sperrt sein Maul auf
und mampft einen Kohl
nach dem anderen.

Bald ist das Ungeheuer
gar nicht mehr hungrig.
Denn bei Kohldampf
helfen Kohlköpfe am besten.

Satt und zufrieden
taucht es ins Meer.

„Hurra!“, grölen die Piraten
und werfen Kalle
vor Freude hoch in die Luft.

Und danach helfen sie alle
beim Kartoffelschälen:
Aber nur ausnahmsweise!

TINTE
Herzliebster Opi,
die Schule ist grässlich!
Immer nur still sitzen!
Bitte komm,
und rette mich!
1000 Küsschen,
deine Lola

Lola wirft ihre Flaschenpost
mit Schwung ins Meer.
Denn Opa fährt zur See.

Es dauert keine Woche,
bis er kommt.

„Ich will Pirat werden,
genau wie du!“, ruft Lola.
„Muss ich dann zur Schule gehen?“

„Klar, musst du in die Schule“,
grinst Opa.
„Aber in die Piratenschule!“

Am nächsten Nachmittag
geht Opa mit Lola zum Hafen.

Auf einem alten Dreimaster
gibt es eine Schule,
in der man weder lesen
noch schreiben lernt.

Die Kinder sitzen auch nicht
brav an den Tischen.
Nein, sie klettern die Taue hoch.

Lola klettert gleich mit.
Und rutscht dann den Mast hinunter.
Das macht Spaß!

Als Nächstes lernen sie
Enterhaken-Weitwurf.

Dann übt die Piratenklasse,
Grimassen zu schneiden.
Noch nie war ein Lehrer
so zufrieden mit Lola!

Ihr neuestes Lieblingsfach
ist aber das Fluchen.
Man stemmt die Arme in die Seite
und brüllt die schlimmsten Wörter,
die einem einfallen.

„Darf ich jetzt
jeden Tag hierher?“,
fragt Lola.
„Klar doch“, meint Opa.

Von nun an geht Lola
richtig gerne zur Schule.
Nur Ferien sind noch schöner!

Die Schatzkarte

Pankraz ist Pirat.
Und er ist pleite.

Wie soll er da
im nächsten Hafen
seine Brause bezahlen?

Doch Pankraz hat eine Idee.

Auf ein altes Blatt
zeichnet er eine Insel.
Irgend so eine Südseeinsel
mit Palmen.

Mittendrauf malt er ein Kreuz.
„SeeRäuberSchatz“,
schreibt er daneben.

Er gießt noch
etwas Kaffee drüber
und reißt ein Eckchen ab.

„Jetzt sieht es aus
wie eine echte Schatzkarte“,
lacht Pankraz zufrieden.

Schon im nächsten Hafen
findet er einen Dummen,
der ihm die Karte abkauft.

Seeräuber Otto
gibt Pankraz vier Goldstücke
für die Karte.

„Ich wollte schon immer mal
auf Schatzsuche gehen“,
strahlt Otto.

„Mit der Karte kannst du suchen,
bis du schwarz wirst“,
denkt Pankraz hämisch.

Nie hätte Pankraz gedacht,
dass er Otto wieder trifft.

Doch in Honolulu
steht der Seeräuber
plötzlich vor ihm.

Oje! Ob Otto sauer ist?
Doch der fällt Pankraz um den Hals:
„Deine Karte war seebärenstark!“

Pankraz schnappt nach Luft.
„Hast du etwa
einen Schatz gefunden?“

„Und was für einen!“
Otto klimpert mit Goldmünzen.
„Für die nächste Karte
zahl ich mehr!“

Noch am selben Abend
malt Pankraz
eine neue Schatzkarte.

Aber die ist nicht zu verkaufen.
Denn diesmal will Pankraz
seinen Schatz lieber selber finden ...

Julia Boehme wurde 1966 in Bremen geboren. Sie studierte Literatur- und Musikwissenschaft und arbeitete danach als Redakteurin beim Kinderfernsehen. Seit einiger Zeit schreibt sie Kinderbücher und denkt sich Geschichten fürs Fernsehen aus.

Christian Zimmer wurde 1966 in Nordkirchen geboren. Er studierte Design in Münster und arbeitet seitdem als Grafiker und Illustrator. Wenn er gerade mal keinen Pinsel zur Hand hat, macht er gerne laute Musik.

LESETIGER

Erster Leseerfolg

N